La tierra, el agua y el aire de nuestro planeta

por Aimee Cable

Scott Foresman
is an imprint of

La superficie de nuestro planeta está
hecha de rocas, arena, agua y suelo.

Las formaciones del terreno pueden ser diferentes.

Las personas usamos la tierra para muchas cosas.

En nuestro planeta hay agua.

Las personas usamos el agua y el aire.

Tú puedes cuidar la Tierra, nuestro planeta.